*Novos amigos*
Mabel

cacha
lote

*Novos amigos*
Mabel

| | |
|---|---:|
| 15 ANOS, 5 ANOS | 9 |
| DIÁRIO | 10 |
| SEM ÓCULOS | 12 |
| APRENDENDO A FILOSOFAR | 13 |
| ACAMPAR | 15 |
| PREVISÕES | 17 |
| QUARESMA | 19 |
| CARONA | 20 |
| LEMBRANCINHA | 21 |
| CRUZES | 22 |
| FILEZINHO | 23 |
| TREM DAS CORES | 24 |
| PETER E WENDY | 30 |
| CASA DE CHOCOLATE | 32 |
| LEMBRANCINHA | 34 |
| JARDIM BOTÂNICO | 35 |

| | |
|---|---|
| CASA DE CHOCOLATE Nº 2 | 37 |
| PAI FILHA | 39 |
| TRUTA VIVA | 40 |
| DIAGNÓSTICO | 41 |
| BUQUÊ | 43 |
| LEMBRANCINHA | 44 |
| THALITA | 45 |
| CARTA DO PRIMO BRÁS | 47 |
| UMA FILHA UM PAI | 48 |
| LEMBRANCINHA | 49 |
| SEU NOME | 50 |
| IRMÃOS | 52 |
| MEU AMIGO | 53 |
| O PRIMEIRO | 54 |
| CLUBE DOS FANTASMAS OU SOCIEDADE DO BETUME | 56 |
| O SEGUNDO | 57 |

| | |
|---|---|
| LEMBRANCINHA | 58 |
| O CÉU DOS EDITORES | 59 |
| SEU NOME | 61 |
| UM PAI UMA FILHA | 63 |
| SEGURO | 64 |

## 15 ANOS, 5 ANOS

os pais não entendem as filhas
não sabem como transar em pé
no banheiro
com o primo talvez
seja a sua última chance
de amar

luiz viu toda a minha calcinha
na troca do uniforme pro balé
enquanto ele ri, se diverte
alguma coisa dentro de mim
muda para sempre

DIÁRIO

1

da empada tiro a azeitona
mas ela nunca sai inteira
fica ali sua lembrança
no prato
os caroços separados

2

primo, o que é isso
dentro do seu bolso
ele ri, corre de mim

é uma foto de mulher pelada
me dizem e eu choro choro muito

ele tira do bolso amassado
é só um maço de hollywood
e nós rimos rimos muito

3

a mãe conta pro pai
agora sangro
todo mês então

o pai me abraça
no meio da casa

fica cada vez mais difícil ter um corpo
e ter um pai fica cada vez mais difícil

4

vocês chupam com gosto
a azeitona que separei

os caroços no prato
chupados vários
copos de cerveja
suados eu vocês
vocês conversam
com seus amigos
os meus
não demoram a chegar

## SEM ÓCULOS

muitas pessoas parecem uma só
e se parecem se parecem as pessoas
um colega com uma tia
um aluno com um vizinho
nossas avós nossos irmãos

não fosse a cor os semáforos
também se pareceriam
pois brilham igual apagam

eu e você como a imagem
de um espelho e números
de ônibus todos idênticos
as folhas das árvores uma só copa

e na copa do mundo
os jogadores já iguais
apenas correm por aí
a bola não existe mais

mas sobretudo os rostos
e quando no mercado
abraço o açougueiro
espero que ele diga "quanto
tempo" e que seja o meu pai

# APRENDENDO A FILOSOFAR

1

você chega carregando uma pilha
de livros: voltaire aristóteles
mitos gregos e um chamado
aprendendo a filosofar

sobe num banco pra alcançar
alguns volumes suspensos
tão próximas das mãos as páginas
você traz até mim

2

cachorros trabalham
levam cadeiras e galões
pra pessoas na praia
são sucesso em ipanema
recebem biscoitos como recompensa

funciona assim:
jogo a bola bem longe
você traz até mim

uma conversa de amigos
ecoa na rua jequitibá
bate o sino do convento das clarissas
é hora da missa é hora da missa
tenho treze anos
e portanto problemas
de audição pele fungos
e dor nas patas

o coro das clarissas
você traz até mim

ACAMPAR

a noite vem devagar e hoje
eu e você
vamos nos ver de perto

gritam as galinhas d'angola
quando passamos correndo

montamos uma barraca azul
unindo canos transversais
sou tão nova e você

deixa as peças espalhadas
pra que tantas peças
pra que espalhadas

nós dois nos damos tão bem
as manchas de manga são lambidas
por cachorros e seus filhotes

mais ou menos por aqui
você pisa numa parte
azul demais azul e sangue

rasgado o seu pé
você grita e as galinhas
me rasgam toda

ali mesmo espero o céu
perder as cores os filhos
me lambendo as canelas

sou silêncio mal
te vejo
só pedaços
um dia uma barraca

## PREVISÕES

dois moleques inventam horóscopos
que irão ao ar no jornal pé da serra
o jornal se chama pé da serra
mas eles sobem à cabeça

a fim de espiar no céu alguma pista
no telescópio unir a ponta
de uma estrela à outra tentar ver nelas
um cavalo um besouro o minotauro

mal sabem eles uma parte
das estrelas que vemos
já morreu há muito tempo
a luz só demora a sumir

gêmeos – abra seus olhos
libra – feche os seus

risadinhas mafiosas
os dois copiam de almanaques
velhos trocadilhos letras de música
de algum signo esquecem o nome

mas a si próprios transcrevem sucesso
alegria paixão e nunca esquecem
os signos das garotas que desejam

tentam unir a ponta de uma língua
à outra tentam ver nas garotas
uma saída uma resposta a vida

peixes – continue a nadar
aquário – nada a declarar

QUARESMA

ai se eu te pego
ai ai se eu te pego
na avenida das mangueiras
em frente ao restaurante querência
uma kombi grita

nessas horas acredito em deus
rezo muitas muitas vezes

passam como rodas
por meus olhos
todos os meus pegas secretos
então rezo mais

falássemos comendo
o tempo
comendo a carne
nenhuma kombi fofoqueira
me comendo na calçada

CARONA

o rádio começa a sair da linha
vacila nas faixas come partes da letra
o carro é velho e a estrada fumaça

pra cobrir o espaço ele diz
motocrosses já foram cavalinhos
aquele tobogã é onde foi minha casa
permanecemos os mesmos só eu
e esse violão
até você anda mudada

ele clica no rádio do carro
olha pra ela no retrovisor
a música faz cosquinha nos ouvidos
são só eles no carro eles e o ruído

LEMBRANCINHA

PUTA QUE PARIU
grito no maior sorriso
pra um motoqueiro
toda a van me olha

esse dia não ganhei
bala da tia jane

só a certeza que já era
um pouco você

CRUZES

preciso escolher
entre duas urnas
uma com cruz
outra sem cruz

não importam as cruzes
importa a decisão
e é sobre ela que fico
pendurada em silêncio

escolham
por mim
cruzes

## FILEZINHO

montada no lombo da filezinho
sou grande

meu pai diz que me segura
não adianta essa mentira
porque as rodinhas vão subindo
o chuvisco apertando

eu não ando mais em círculos
sigo até onde a rua deixar

erguidas de vez as rodinhas
busco meu pai por cima do ombro
no que vejo vovó
tamanho playmobil
acenando
acenando
acenando

cascas no joelho
depois uma cicatriz
poucas desculpas pra dizer
eu nunca aprendi de verdade

dentro de uma caixa
no jardim-escola
entre os lápis era marrom
a sua pele às vezes laranja
cenoura e bronze

dentro de uma caixa
no cemitério
tério tério tério
várias rosas pálidas
rosas combinando
pétalas com as pétalas
de suas bochechas
brancas na boca
oca oca oca

dentro de uma caixa
sua poeira de estrela
cinza cinza chumbo
passa por entre os dedos
fazendo casa nas conchas

sob o sol nas caixas de areia
crianças constroem castelos
com algum prateado
você pisca pra elas

*

CANIVETE DE FEIRA

> *quem é que pode ser gigante*
> *nesse mundo tão pequeno*
> Rita Lee, "Modinha"

1

tem esse canivete
que é colher garfo
faca saca
rolha e tesourinha
atrás dele mininavios
e micropalhaços

2

essa daqui é lá da feira
de montevideo a mabel
gostava de tirar essas fotos
das coisas das feiras das lojas
é boa é maneira essa foto
esse canivete muito louco
os brinquedinhos
a gente quase levou um desses
mas acabou não levando

3

meu pai usa a tesoura

pra picotar alguma coisa
depois enrola
num papelzinho queimando
a ponta

a faca
pra talhar um galho
faz dele cajado

o garfo
passa por seus dentes
caem as folhas

a colher nunca é usada
seu metal pulsa
imaginado na minha língua

4

quando tira os óculos meu pai é outro
tira pra entrar no rio ou pra dormir ou
também quando chora
parece mais novo às vezes
me dá medo
com o cabelo que tem
arrepiado

prefiro penteado cheirando

forte sabão roxo
camisa botões olhos redondos

e a camadinha de vidro
nos protegendo

ele me pergunta por que
o elefante usa óculos vermelhos?
pra ver-melhor
por que o elefante usa óculos verdes?
pra ver-de-longe
por que o elefante usa óculos marrons?
pra ver marr ou
menos

5

olha só olha quanta coisa
meu pai chama
a atenção pro canivete

é ele que eu tento capturar

os navios e os palhaços
só flutuam ao redor

*para clara, joão e theo*

quatro formigas sujas de lama
correm em busca do tempo perdido
seguem na grama a trilha de açúcar
mas os cristais descem na ampulheta

está frio está morno dizem os adultos
elas se dão as patas agulhas pulam
na masmorra encontram a mina
ovos brilhantes espalhados no teto
gosto fresco vida nova

sabem o caminho certo é pra dentro

tem esse menino
que nunca cresce
e essa menina
que em algum momento
vai se despedir dele

por enquanto os dois
brincam de pique
parede com as sombras
brincam de casinha
toda noite enfrentam
piratas e crocodilos

qualquer dia a menina vai sentir
saudade de casa e da mãe
e vai cansar de fingir
que dedais são beijos
no lugar disso vai querer
que os beijos sejam dedais

e chegado esse dia ela vai falar
pisando em ovos para o menino
preciso voltar e o menino não
não entende porque não cresce
e ela vai repetir e acenar
tá na hora de ir embora, pai

tem esse menino
que nunca cresce
e essa menina
que em algum momento
vai se despedir dele

mas por enquanto a menina
brinca com o menino
os dois pulam na cama
e ficam acordados
até tarde

## CASA DE CHOCOLATE

foi na casa de chocolate
aquela do formigueiro
cheia de formiga
galinha
vaca

duas mesas bolas de gude
dispostas por cima
e um balcão donde pula
o cheiro de cacau

chegamos na madruga
papai, não custa nada
tentar a maçaneta

pela janela trepo miúda
em seu pezinho
caindo de maduro lá dentro

iés! fazemos com o punho
papai com uma camadinha
de vidro colorindo sua pele

agora é atenção a suas
mímicas que passeiam
dele pro balcão

surrupie alguns poucos
pra não darem falta

consigo enfiar na bermuda
dois saquinhos de língua
de gato e mais dois de pastilhas
confeitadas, estava feito

papai fala cuidado
vai se quebrar

um tremor vem não sei
se do mugido da vaca
ou do sapateado das saúvas
mas faz cair um gude

## LEMBRANCINHA

quando me perguntam
recebo do encéfalo
só o ovo quente

uma vida inteira vivida
só o gosto gema crua
que fica

## JARDIM BOTÂNICO

daqui de cima enxergamos todos os camaradas
bem como os canalhas e seus estilingues
esse capítulo vai terminar com desavenças

espero por aquele em que vamos os dois
fungar rapé jogar gude e pela rindo à beça
mesmo nunca tendo antes visto tartarugas
nas pedras de penedo, eu acredito
um dia elas aparecem

não consigo entender a distância
pra além do espaço entre as mãos
imagino o jardim botânico
de budapeste como o do nosso rio
ou até mesmo como a mata
de penedo onde nós estamos
tirando as cobertas
e a casa, nossas cascas

é fácil ser menino húngaro
em penedo no meio de julho

as páginas começam a colar
mas não podemos parar
mesmo aos bocejos
estamos chegando na parte

em que os meninos do time que eu torço
descobrem
há um traidor entre eles

o texto se entorta e dá pra morder
na voz de papai os galhos ganham mundo
e a grama vira um tecido
é questão de tom e ritmo:
percebo com a pele
dos dedos quem são
os amigos e os inimigos

tudo no escuro dá medo
as flores mudando de cor
a bica d'água com rosto, as tartarugas
vejo por minha luneta

estou em cima da palmeira imperial
me estrepo toda se cair daqui de cima

tomo coragem
pergunto: é o nosso
jardim botânico?
papai responde que não
como seria se todo o livro
se passa na hungria?

## CASA DE CHOCOLATE Nº 2

foi na casa de chocolate
aquela com o papai
noel desenhado
várias vitrines açucaradas
até sorvete pingando

brotamos no início da tarde
meu pai arquiteta o plano

enquanto distraio a moça
com minha lábia de criança
ele cata doce de leite
debaixo do braço

vem a outra vendedora
é só fingir costume
verificar se ainda tem
um certo sabor de calda

agora é atenção a minhas
mímicas que passeiam de
mim pro balcão
surrupie poucos
pra não darem falta

um tremor veio não sei
se dos trenós das sirenes
do alívio de sairmos
como dois fantasmas
flutuam

PAI FILHA

e quando eu bati
a porta do carro
você disse eu te amo
e eu disse tchau
e você me bateu
na sua imaginação
e eu disse eu te amo
na minha

## TRUTA VIVA

tal qual piercing
na bochecha
anzol me fisga
já pra bandeja

mesmo com a faca
arrancando carne
minhas guelras
ainda balbuciam
e com meu olho direito
arregalo desespero

o bebê de babador
único a perceber
começa a chorar

eu começo a chorar
(meu rabo frito
mastigado com limão)

quem agora vai saber
meus desejos angústias
genealogia ambição
eis aqui uma biografia
breve por obrigação

## DIAGNÓSTICO

olha, doutores,
sei que esnobam
a astrologia

e que afluente nasceu
da barriga de quem
pouco lhes interessa

mas aqui o que importa
justamente são os mapas

não espero que sigam
a mesma bússola
mas doutores
doem em mim
as hesitações
por favor
alguma brecha
no eclipse
pelo menos escrevam
com sua letra ilegível
uma razão

foi de hollywood vermelho
foi largar a terapia
foi tanto grito na estrada

foi coquinhas de 1,99
foi me ver beijando
foi enroladinhos de salsicha
foi medo de check-up
foi a fase dos bloody marys
foi comprar vodca pra mim
foi ler demais

o laudo: um meteoro

## BUQUÊ

eu tentava erguer os peitos da minha mãe
com duas mãos pequenas demais
poupá-la do peso
tomá-la no colo
enquanto chamava de meus bebês
meus próprios filhos
as duas papoulas brancas
copos de leite derramado

## LEMBRANCINHA

sabe, minha filha
acho que eu nunca teria sido
cirurgião
se minha mãe não costurasse

sabe, minha filha
acho que eu nunca teria sido
tradutor
se minha mãe não costurasse

## THALITA

tenho uma tia-avó
esquisito nasceu
no mesmo dia que eu
muitos anos antes

ela recorta figuras
árvores e anjos
um toca uma corneta
fotos minhas e fotos dela

escreve 6 de outubro
escreve 2000 e 1925
coloca tudo num quadro
pendura na minha parede

nunca mais nos vimos
lembro da minha vó
chorando muito
asas amuadas
no dia que ela morreu eu
não consigo chorar mas
lembro quero muito

afinal como atesta o quadro
em minha parede
thalita sou eu

setenta e cinco anos antes

grudou nossas vidas
com adesivos
de estrelinha

## CARTA DO PRIMO BRÁS

o primo brás escreve
à prima de um ano
uma carta decorada
papéis de bala sonhos de valsa
quando você for grande
te ensino a andar
de skate

a prima cresce um pouco
desequilibra mas cabe
na garupa da sua bike

a piada preferida na estrada
cuidado!
obrás na pista

num dia eu era o amigo
o mago assoprando balões
quadriculados em giz
poucas nuvens em volta

no outro dia eu não sou mais nada
corto fora sua asa seu anseio
envolto nas nuvens do cigarro
sem conseguir apagar

**LEMBRANCINHA**

lá em casa é assim
as coisas quebram
nós guardamos
e olhamos pra elas

## SEU NOME

ve-lhi-nho!
ve-lhi-nho!
ve-lhi-nho!

assim te chamam
moleques sem dente
na porta da escola
junto das babás
que me perguntam:
esse daí é seu avô?

não sei como reagir às vezes
você repete essa história
você ri e bagunça meu cabelo
repartido no meio eu não tinha
dado nome ao meu pai

mesmo sendo moleque igual
o dente pendurado
por um fio não dei nome
ao meu pai
era só
pai

pai

andré

estranho escrever esse nome
agora com a tinta acabando

## IRMÃOS

choram de saudade do pai
quando estão com a mãe
e de saudade da mãe
quando estão com o pai

do que realmente sentem saudade
ninguém desconfia

um carrossel
os quatro grudados
na mesma crina

MEU AMIGO

sempre imaginei Nemecsek
como imaginei Agnaldo
como imaginei um amigo

sempre estudando
sempre honesto
sempre banana
sempre de óculos
como eu

*

quando não trapaceei
na partida de damas
fui a grande decepção
do segundo ano fundamental

mas você, meu amigo
você colocaria a mão
no meu ombro

## O PRIMEIRO

este é o capítulo
em que Nemecsek[1] morre

Nemecsek era leal
era bom e obediente
meu pai era endiabrado
mas ganhava medalhas na escola

nada disso salva uma vida
de ter um final de amigos
em volta
dizendo adeus

lemos assim:

agora não podia mais haver dúvida:
ele nada via nem ouvia
do que se lhe passava em redor
pois os anjos tinham vindo
buscar-lhe a vista e os ouvidos
levando-os para aquele lugar
cuja doce música só é ouvida

---

[1] a primeira coisa que se deve saber:
Nemecsek se lê Nemetchéc
retorne ao primeiro verso

e cujo esplendor deslumbrante só é visto
pelos que foram como
o capitão Nemecsek

mais juntos que o costume
nessa noite adormecemos
sobre as páginas finais

deixando sobrar na cama
um espaço pra quem sabe
o pequeno capitão

## CLUBE DOS FANTASMAS OU SOCIEDADE DO BETUME

a eternidade dentro da boca
devemos mastigar mastigar
pra que não fique dura
e perca o valor

o que um dia firmou janelas
firme agora os nossos dentes
distraídos do fumo

deixam de ser amarelos
acinzentam em fileira

## O SEGUNDO

antes da xícara escorregar
e partir em mil pedaços
ele me avisou

quando quebramos
louças ou ossos
choramos todos os avós
ex-namorados mudanças
de escola e o último abraço

choramos por tudo

LEMBRANCINHA

meu pai chama o carinho
que fazemos nos bichos
de festa ou festinha

faz uma festinha no quincas, filha

e da mistura entre os meus dedos
e os pelos loiros surgem os minibalões
e os microdançarinos

os dedos do meu pai
têm calos e confete
às vezes o bicho sou eu

## O CÉU DOS EDITORES

aqui as nuvens são tesouras
recortam nossos troncos
bonecos em ciranda

e na hora das palmadas
lembramos de nossas mães
dos cachorros ganindo
mas sobretudo dos pais

e dos filhos que deixamos
pra trás junto aos erros
nos perguntamos
será que fomos cedo demais?

fomos a tempo
num corte de um verso
que tinha que acabar
nós achamos literária
nossa forma de partir

escolhemos a fonte
pingos nos is e resenhas
deixamos aos amadores
que amamos
de paixão

fomos mas ficamos
aqui de cima ainda
escolhendo, escolhendo

## SEU NOME

o cinzeiro e a rua
têm em comum
a cor, a função
de guardar restos

seu nome
aparece no meio
colado um adesivo
na minha mente

tento arrancar
enquanto fumo
as coisas que não fazia
quando te conhecia

a rua é um campo
e uma batalha
tem flores e pólvora
medo e quero
te encontrar

fumando tabaco
me encontro
três anos atrás

nas ruas tudo vivo
as plantas, o bar
e os verbos eram outros
a pólvora, estalinho
nós dois coloridos

deixando colar no peito
adesivos

num dia era sua formiguinha
pulando na cama comendo batom
chorando na escola desenhando
papai coração

no outro essa saúva bunduda
chegando em casa às três da manhã
três chupões pretos no pescoço
cheirando vodca cigarro no cabelo
roxo verde azul nunca mais loirinho

## SEGURO

faço novos amigos
e tenho muito medo
de perder um por um

então conto piadas
de vários tipos
aos novos amigos

elefante
pontinho
toc toc

vai ver rindo
permanecem
por aqui

CARA LEITORA, CARO LEITOR

A Cachalote é o selo de literatura brasileira do grupo Aboio.

Lemos, selecionamos e editamos com muito cuidado e carinho cada um dos livros do nosso catálogo, buscando respeitar e favorecer o trabalho dos autores, de um lado, e entregar a vocês, leitores, uma experiência literária instigante.

Nada disso, portanto, faria sentido sem a confiança que os leitores depositam no nosso trabalho. E é por isso que convidamos vocês a fazerem cada vez mais parte do nosso oceano!

Conheçam nossos livros e autores pelo site aboio.com.br e siga nossos perfis nas redes sociais. Teremos prazer em dividir com vocês todos nossos projetos e novidades e, é claro, ouvir suas impressões para sempre aprendermos como melhorar!

Embarque e nade com a gente.

**Cada livro é um mergulho que precisa emergir.**

APOIADORAS E APOIADORES

Agradecemos às 236 pessoas que confiaram e confiam no trabalho feito pela equipe da **Cachalote**.
Sem vocês, este livro não seria o mesmo.
A todos os que escolheram mergulhar com a gente em busca de vozes diversas da literatura brasileira contemporânea, nosso abraço. E um convite: continuem acompanhando a **Cachalote** e conheçam nosso catálogo!

Adriane Figueira Batista
Afonso Praça
Alexander Hochiminh
amanda santo
Ana Laura Cerqueira
Ana Luiza Rigueto
Ana Maiolini
Ana Quadros
André Balbo
André Chaves
André Pimenta Mota
Andreas Chamorro
Anna Martino
Anthony Almeida
Antonio Arruda
Antonio Pokrywiecki

Arman Neto
Arthur Lungov
Beatriz Malcher
Beatriz Prats
Bernardo Bruno
Bianca Monteiro Garcia
Bruno Coelho
Caco Ishak
Caio Balaio
Caio Girão
Caio Maia
Caju Lopes
Calebe Guerra
Camilla Loreta
Camilo Gomide
Carina Santos

Carla Guerson
Carlos Vieira Ferreira
Cássio Goné
Catarina Franca
Cecília Garcia
Cintia Brasileiro
Clara Debrot Boechat
Clara Tavares Pereira
Clarice Zahar
Claudine Delgado
Cleber da Silva Luz
Cris Tavares
Cristhiano Aguiar
Cristina Machado
Daniel A. Dourado
Daniel Dago
Daniel Giotti
Daniel Guinezi
Daniel Leite
Daniel Longhi
Daniela Rosolen
Danilo Brandao
Danilo Medeiros
Denise Levy Pires Ferreira
Denise Lucena Cavalcante
Dheyne de Souza
Diogo Mizael
Dora Lacerda Fonseca

Dora Lutz
Edmar Guirra
Eduarda Rocha
Eduardo Coelho
Eduardo Rosal
Eduardo Valmobida
Elba Cambraia
Enzo Vignone
Evelyn Rodrigues
Fábio Franco
Febraro de Oliveira
Felipe Crespo de Lima
Felipe Vaz
Fernanda Boechat
Flávia Braz
Flavia Regina Rocha
    da Costa Calandrini
Flávio Ilha
Francesca Cricelli
Frederico da C. V. de Souza
Gabo dos livros
Gabriel Bustilho Lamas
Gabriel Cruz Lima
Gabriel Stroka Ceballos
Gabriela Machado Scafuri
Gabriela Sobral
Gael Rodrigues
Giovanni Ghilardi

Giselle Bohn
Giulia Benincasa
Guido Tornaghi
Guilherme Belopede
Guilherme Boldrin
Guilherme da Silva Braga
Gustavo Bechtold
Gustavo Becker Nicoll Simões
Gustavo Vilela Boechat
Hanny Saraiva
Heloisa Boechat
Henrique Emanuel
Henrique Lederman Barreto
Ian Travassos
Isabel Brant
Isabela Moreira
Ivana Fontes
Jadson Rocha
Jailton Moreira
Jayme Praça
Jefferson Dias
Jessica Ziegler de Andrade
Jheferson Neves
João Luís Nogueira
Jorge Verlindo
Julia Filgueiras
Júlia Gamarano
Júlia Vita

Juliana Costa Cunha
Juliana Monteiro da Silva
Juliana Slatiner
Júlio César Bernardes Santos
Laís Araruna de Aquino
Lara Galvão
Lara Haje
Larissa Galvão
Laura Redfern Navarro
Leitor Albino
Lenita A. Boechat
Leonam Lucas Nogueira
Leonardo Nunes
Leonardo Pinto Silva
Leonardo Zeine
Lila Almendra Praça de Carvalho
Lili Buarque
Lolita Beretta
Lorenzo Cavalcante
Luana Reis
Lucas Ferreira
Lucas Lazzaretti
Lucas Van Hombeeck
Lucas Verzola
Luciano Cavalcante Filho
Luciano Dutra
Luis Cosme Pinto
Luis Felipe Abreu

Luísa Machado
Luiz Henrique Pessôa
    de Menezes e Silva
Luiza Leite Ferreira
Luiza Lorenzetti
Maíra Thomé Marques
Manoela Machado Scafuri
Marcela Boechat
Marcela Roldão
Marcelo Conde
Marcelo Monteiro
Marcelo Praça
Marco Bardelli
Marcos Vinícius Almeida
Marcos Vitor Prado de Góes
Marcus Handofsky
Maria Amélia Castro Boechat
Maria de Lourdes
Maria Fernanda
    Vasconcelos
    de Almeida
Maria Inez Porto Queiroz
Maria Luíza Chacon
Maria Quintan
Maria Rita Santos Garcez
Mariana Donner
Mariana Figueiredo Pereira
Marina Lourenço

Mateus Borges
Mateus Magalhães
Mateus Torres Penedo Naves
Matheus Picanço Nunes
Mauro Paz
Mikael Rizzon
Milena Martins Moura
Natalia Timerman
Natália Zuccala
Natan Schäfer
Olivia Viana
Orquídea Garcia
Otto Leopoldo Winck
Patrícia Medina
Paula Luersen
Paula Maria
Paulo Fontenelle
Paulo Santana
Paulo Scott
Pedro Marques
Pedro Torreão
Pedro Vieira
Pietro A. G. Portugal
Rafael Atuati
Rafael Mussolini Silvestre
Rafael Sangoi
Rafael Tenius
Rafael Zacca

Raphaela Miquelete
Rayi Kena Ferraz da Cunha
Regina Tavares
Renata Quevedo
Renata Telles
Renato Farias
Ricardo Kaate Lima
Ricardo Labaki
Ricardo Pecego
Rita de Podestá
Roberto Andrade
Roberto Martins
Rodrigo Barreto de Menezes
Rodrigo Ferdinand
Rodrigo Leão
Rodrigo P. Leitão
Rodrigo Ratier
Samara Belchior da Silva
Sandra Senra Garcia
Sergio de Campante Santos
Sergio Mello
Sérgio Porto
Sofia Lopes
Sylvie Boechat
Tainá Telles
Thais Fernanda de Lorena
Thassio Gonçalves Ferreira
Thayná Facó

Théo Brígida
Theo Handofsky
Thomaz Pereira
Tiago Moralles
Tiago Velasco
Valdir Marte
Vicente Bastos
Vitor Tinoco
Walma Castro Boechat Gomide
Weslley Silva Ferreira
Wibsson Ribeiro
Yvonne Miller

EDIÇÃO André Balbo
CAPA Luísa Machado
IMAGEM DA CAPA Elba Cambraia
REVISÃO Lucas Ferreira
PROJETO GRÁFICO Leopoldo Cavalcante

DIRETOR EXECUTIVO Leopoldo Cavalcante
DIRETOR EDITORIAL André Balbo
DIRETORA DE ARTE Luísa Machado
DIRETORA DE COMUNICAÇÃO Marcela Monteiro
EXECUTIVA DE CONTAS Marcela Roldão
ASSISTENTE EDITORIAL Gabriel Cruz Lima
GESTORA DE REDES Luiza Lorenzetti

GRUPO
AB●IO

ABOIO EDITORA LTDA
São Paulo — SP
(11) 91580-3133
www.aboio.com.br
instagram.com/aboioeditora/
facebook.com/aboioeditora/

© da edição Cachalote, 2025
© da imagem da capa Elba Cambraia, 2025
© do texto Mabel, 2025

*Todos os direitos reservados. Nenhuma parte desta obra pode ser reproduzida, arquivada ou transmitida de nenhuma forma ou por nenhum meio sem a permissão expressa e por escrito da Aboio.*

*Grafia atualizada segundo o Acordo Ortográfico da Língua Portuguesa de 1990, que entrou em vigor no Brasil em 2009.*

Dados Internacionais de Catalogação na Publicação (CIP)
Bruna Heller — Bibliotecária — CRB10/2348

M112n
    Mabel.
        Novos amigos / Mabel. – São Paulo, SP: Cachalote, 2025.

    64 p., [16 p.] ; 16 × 19 cm.

    ISBN 978-65-83003-67-6

1. Literatura brasileira. 2. Poesia. 3. Poemas. I. Título.

CDU 869.0(81)-1

Índice para catálogo sistemático:
1. Literatura em português 869.0.
2. Brasil (81).
3. Gênero literário: poesia -1

Esta primeira edição foi composta em Adobe Garamond Pro e Martina Plantijn sobre papel Pólen Bold 70 g/m² e impressa em julho de 2025 pelas Gráficas Loyola (SP).

A marca FSC® é a garantia de que a madeira utilizada na fabricação do papel deste livro provém de florestas que foram gerenciadas de maneira ambientalmente correta, socialmente justa e economicamente viável, além de outras fontes de origem controlada.